Carluccio's COLLECTION

GEMÜSE & SALATE

ANTONIO & PRISCILLA CARLUCCIO

Fotos von André Martin

WILHELM HEYNE VERLAG
MÜNCHEN

Inhalt

Wenn nicht anders angegeben, sind die Rezepte für 4 Personen berechnet.

Vorwort

Büschel frisch geschnittener *cicorietta* (ein leicht bitterer und zarter Blattspinat), riesige Mengen an Zucchiniblüten, frische grüne Bohnen oder frische Minze, Basilikum, Oregano, gerade in den Bergen gesammelt, und stapelweise frische noch nestwarme Eier von körnergefütterten Hühnern – das ist für mich der Inbegriff eines italienischen Marktes.

Dorthin gehe ich ganz früh am Morgen, um bei den alten Frauen einzukaufen, die vor ihren Körben voller grüner und eßbarer Köstlichkeiten sitzen, alle ordentlich mit dünnen Weidenzweiglein gebündelt. Zu dem Spaß, den es macht, mit den Verkäuferinnen zu scherzen und zu handeln (die nicht selten ziemlich hartnäckig sind!), kommt die Gewißheit, daß man bei ihnen die besten Produkte bekommt, die ihre Ehemänner in den kleinen Gärten draußen auf dem Land angebaut haben.

Leider wird die Zahl der Marktfrauen heute immer weniger, da selbst in Italien die Großproduzenten den kleinen Erzeuger verdrängen. Damit die Nachfrage der immer mächtiger werdenden (und an die Bürokratie der europäischen Gesetzgebung gebundenen) Supermärkte erfüllt werden kann, sind wir dazu verurteilt, uns mit nur wenigen Gemüsesorten zufrieden zu geben, die auch noch bestimmten engen Kriterien entsprechen müssen.

An dieser Entwicklung sind auch unsere »bequemen« Einkaufsgewohnheiten schuld – wir geben uns mit hervorragend aussehendem, aber durch und durch geschmacklosem Gemüse

zufrieden. Der Anblick dieser armen Gemüsesorten, gefangen in ihren Plastikhüllen, bringt mich den Tränen nahe. Es tut mir leid, wenn ich den Eindruck eines Romantikers erwecke, aber für mich ist es die größte Freude, eine Karotte oder Kartoffel aus der Erde des eigenen Gartens zu ernten und sie frisch gekocht zu genießen, ohne Butter oder andere Zutaten, denn ihr Geschmack spricht für sich selber.

Hoffnung gibt hier die wachsende Anzahl an Bauern, die ihre Gemüsesorten biologisch anbauen, wie sie es auch früher schon gemacht haben. In Italiens Küchen wird das ganze Jahr über frisches Gemüse der Saison verarbeitet. Alles Grüne und Frische wird mit der wunderbaren kulinarischen Fantasie der Italiener behandelt. Das Ergebnis sind sehr schmackhafte und gesunde Gerichte, die man als Beilagen zu Fleisch oder Fisch oder als eigenständige Mahlzeit serviert.

Tatsächlich ist es so, daß wir Lebensmittel selten in die Kategorien »vegetarisch« oder »nicht-vegetarisch« unterteilen, da wir Gemüse genauso gern essen wie Fleisch. Wenn es wirklich einmal die »zweite Rolle« als Beilage zum Hauptgang spielt, bereiten wir es so zu, daß es das Hauptgericht abrundet und eine interessante Kombination dazu darstellt. Italiener lieben die Abwechslung beim Essen, und in der Regel enthält jedes Gericht Zutaten, die eine ausgeglichene Versorgung mit wichtigen Nährstoffen wie Eiweiß, Vitaminen und Fetten gewährleisten.

Natürlich ist all dies das Ergebnis einer jahrhundertelangen Entwicklung in den Küchen sowohl der Reichen wie der Armen. Am wichtigsten war es immer, etwas sehr Geschmackvolles und Gesundes auf den Tisch zu bringen – eine Familienmahlzeit. Man ist zwar geneigt anzunehmen, daß die wohlhabendere Bevölkerung eher ausgefallene, teure Gerichte bevorzugt. Tatsächlich ist es aber so, daß die moderne Küche genau die allereinfachsten Zutaten der »armen Küche« und deren Zubereitungsweise wieder aufgreift. Das hat nichts mit Snobismus zu tun, sondern entspricht dem Wunsch nach einer zufriedenstellenden, unkomplizierten und geschmackvollen Mahlzeit.

Sie finden in diesem Buch viele Rezepte, die ursprünglich aus der sogenannten »Arme-Leute-Küche« stammen. Sie sind das Ergebnis einer jahrhundertelangen Entwicklung der Regionalküchen und der örtlichen Kochgewohnheiten und spiegeln auch Einflüsse aus den angrenzenden Ländern wider. Die meisten dieser Rezepte sind sehr einfach nachzukochen und können als Hauptgericht wie als Beilage serviert werden. Wenn meine Mutter gebratene Paprikaschoten zubereitete, rechnete sie immer etwas mehr, um meinem Bruder und mir einen Willkommensimbiß servieren zu können, den wir mit Brot verzehrten, wenn wir spätabends nach Hause kamen. Nicht selten hielten wir improvisierte Mitternachts-Festgelage vor dem offenen Kühlschrank ab, in deren Zuge wir ihn komplett plünderten und alles bis auf den kleinsten Rest verzehrten. Gefullte Paprikaschoten oder Auberginen waren für uns eine vollständige Mahlzeit. Lassen Sie einmal bewußt einige Köstlichkeiten im Kühlschrank stehen – Sie werden am nächsten Morgen feststellen, daß er sich über Nacht wie von Zauberhand geleert hat, insbesondere wenn Sie heißhungrige Teenager im Haus haben. Aber vergessen Sie nicht, vorher etwas für sich selber beiseite zu stellen!

ASPARAGI
6000
al mazzo
Cavolo fiore
1500
NOSTRAL
3000

fagiolini
NOSTRALI
4000
RADICCHIO
ROSSO
3000

Zuppa di Verdure

GEMÜSESUPPE

2 EL Oivenöl
1 Zwiebel, in Ringe geschnitten
2 Knoblauchzehen, gehackt
12 Kirschtomaten
1 l Hühner- oder Gemüsebrühe
150 g neue Kartoffeln, geschält
und in 5 mm dicke Scheiben geschnitten
2–3 Zucchini in ca. 5 mm dünne Scheiben geschnitten
1 kg *tenerume* oder weitere
2–3 Zucchini, gehackt
Salz und Pfeffer

Öl in einem großen Topf erhitzen; Zwiebel und Knoblauch darin glasig dünsten. Unter Rühren die Tomaten dazugeben, dann die Brühe hinzufügen und zum Köcheln bringen. Kartoffeln, Zucchini und *tenerume* dazugeben und rund 20 Minuten garen, bis die Kartoffeln weich sind.

Abschmecken und sofort mit frischem Brot servieren.

Für diese Suppe verwendet man *tenerume,* die zarten Sprossen der Zucchini-Pflanze.

Zucchino (Zucchini)

Achten Sie beim Einkauf auf organisch angebaute Zucchini, und kaufen Sie sie in der Saison, weil sie dann am besten schmecken. Besonders köstlich sind frisch geerntete Zucchini, blanchiert und mit zerlassener Butter und Salz oder Olivenöl extra vergine und Zitronensaft serviert.

Am Ende der Saison kocht man aus tenerume, *den zarten Spitzen der Zucchini, eine Suppe, in die auch Kartoffeln, Tomaten, Knoblauch und Olivenöl extra vergine kommen.*

Fiori di Zucchini (Zucchiniblüten)

Wie der größere Kürbis wachsen auch Zucchini dicht am Boden, die Pflanze selbst ist jedoch buschiger als die anderen Mitglieder dieser Familie. Zucchini werden in ganz Italien angebaut und passen sich ohne weiteres verschiedenen Bodentypen an. Wegen ihrer kulinarischen Vielseitigkeit und ihrer wertvollen Inhaltsstoffe sind sie allgemein beliebt. Wie die anderen Pflanzen dieser Familie, z. B. der Kürbis, haben auch Zucchini hübsche Blüten, die eßbar sind. Überall in Italien werden auf den Märkten die Blüten der männlichen Pflanzen, die keine Früchte tragen, mit ihren typischen langen Stielen in großen Büscheln verkauft. Man verwendet sie am besten, wenn sie geöffnet sind; dann kann man sie ungefüllt oder mit Mischungen aus Spinat, Ricotta und Parmesan in einem einfachen Teig aus Mehl, Salz und Wasser tauchen oder in geschlagenem Ei wenden und fritieren.

Fiori di Zucchini Ripieni

AUSGEBACKENE, GEFÜLLTE ZUCCHINIBLÜTEN

12 Zucchiniblüten
275 g Ricotta
1 Prise frisch geriebene Muskatnuß
1 Bund Schnittlauch, gehackt
1 Ei, verquirlt
4 EL Parmesan, frisch gerieben
4 El Olivenöl
Salz und Pfeffer
FÜR DEN TEIG:
2 Eier
55 g Mehl
4 EL kaltes Wasser

Für den Teig die Eier in einer Schüssel verquirlen, dann das Mehl gleichmäßig darunterrühren. Nach und nach das Wasser hinzufügen, so daß ein glatter Teig entsteht. Beiseite stellen.

Die Zucchiniblüten sorgfältig reinigen. Außen vorsichtig waschen und abtrocknen und eventuell Insekten aus dem Kelch entfernen. Für die Füllung Ricotta, Muskatnuß, Schnittlauch, Ei, Parmesan, Salz und Pfeffer vermischen und die Blüten eßlöffelweise mit dieser Masse füllen.

Öl in einer großen Pfanne erhitzen. Die Blüten in den Teig tauchen und nacheinander im heißen Öl goldbraun braten, dabei gelegentlich wenden. Vor dem Servieren auf Küchenkrepp abtropfen lassen.

Carciofi in Agrodolce

ARTISCHOCKEN SÜSS-SAUER

12 frische, junge, mittelgroße Artischocken
3 EL Weißweinessig
1 EL feiner Zucker
3 EL grob gehackte glatte Petersilie
3 EL Olivenöl extra vergine
Salz

Die harten äußeren Blätter der Artischocken entfernen und die Spitzen abschneiden. Die Stiele auf etwa 5 cm kürzen; wenn Sie sie schälen, sind sie sehr zart und eßbar. Die Artischocken vierteln, und das Heu mit einem Messer entfernen. In leicht gesalzenem Wasser rund 15 Minuten oder länger kochen, bis sie weich sind; als Garprobe mit dem Messer in die Spitze einer Artischocke stechen. Abtropfen lassen und beiseite stellen.

Essig und Zucker in einem kleinen Topf erhitzen, bis sich der Zucker aufgelöst hat. Abkühlen lassen, dann Petersilie, Olivenöl und eine Prise Salz hinzufügen. Über die Artischockenviertel gießen und vor dem Servieren eine Stunde ziehen lassen.

Zucker oder Honig geben die Süße, Essig oder Zitronensaft das Saure. Knoblauch, Kräuter und Gewürze runden den Geschmack ab.

Carciofo (Artischocke)

Artischocken gehören zur Familie der Disteln. Eßbar sind die zarten Teile der Blütenknospe und der daransitzende Stiel. Wenn man den Stiel einer Artischocke in Wasser stellt, blüht sie auf und nimmt eine wundervolle purpurne Farbe an. Artischocken gedeihen am besten am Mittelmeer, wo das Klima und die wasserarmen Böden die besten Voraussetzungen liefern. Hauptanbaugebiete sind Kampanien, Sizilien, Apulien und Latium. Man ißt sie roh in Salaten sowie zu Pinzimonio *oder* Bagna caôda. *Man kann sie aber auch blanchieren, vierteln, in Mehl und geschlagenem Ei wenden und fritieren oder in* umido *kochen, das heißt mit Tomaten und Olivenöl. Ich selbst mag sie besonders in Olivenöl extra vergine mit Zwiebeln, Kapern und Petersilie geschmort. Eines der köstlichsten Rezepte für Artischocken stammt aus Sizilien. Die obersten Blätter werden mit den Fingern gelöst und das Innere mit grobem Meersalz bestreut. Dan träufelt man Olivenöl extra vergine darüber, legt die Artischocke auf heiße Holzkohlenglut und brät sie langsam, bis die äußeren Blätter verkohlt sind.*

Carciofi Ripieni

GEFÜLLTE ARTISCHOCKEN

1 kg sehr frische, junge Artischocken
300 g frische Brotkrume
1 kleiner Minzezweig, grob gehackt
Schale von 1 Zitrone
3 Anchovisfilets, fein gehackt
1 kleine Knoblauchzehe, sehr fein gehackt
2 EL gehackte glatte Petersilie
25 g in Salz eingelegte Kapern, 10 Minuten in Wasser eingeweicht, abgetropft und grob gehackt
3 EL Olivenöl extra vergine
Salz und Pfeffer
Olivenöl

Die harten äußeren Blätter der Artischocken entfernen und die Spitzen abschneiden. Die Stiele so kürzen, daß die Artischocken aufrecht stehen bleiben. Das Heu mit einem Melonenausstecher entfernen, so daß eine Öffnung entsteht.

Die Brotkrume in so viel Wasser einweichen, daß sie gerade bedeckt ist, dann die überschüssige Flüssigkeit ausdrücken. Mit Minze, Zitronenschale, Anchovis, Knoblauch, Petersilie und Kapern vermischen. Olivenöl extra vergine darunterrühren, dann mit etwas Salz und reichlich Pfeffer würzen. Die Artischocken mit dieser Mischung füllen und aufrecht in einen großen Topf stellen. So viel Wasser hinzugeben, daß die Artischocken zur Hälfte bedeckt sind, dann mit etwa 1 cm Olivenöl auffüllen. Zugedeckt 30 Minuten garen.

Cappero (Kaper)

Kapern sind die Knospen einer Pflanze mit sehr hübschen, dicken runden oder ovalen Blättern. Sie werden im späten Frühjahr in Sizilien geerntet, wenn es schon heiß ist. Die kleinsten Kapern sind am begehrtesten, weil sie besonders pikant und zart sind. Größere Kapern haben weniger Geschmack.

Wie Oliven sind auch rohe Kapern bitter und ungenießbar und müssen vor dem Verzehr behandelt werden. Man legt sie deshalb in Essig, Salzlake oder trockenes Salz ein, wobei ich die Salzkonservierung für am besten halte. Vor der weiteren Verwendung weicht man in Salz eingelegte Knospen 15 Minuten in Wasser ein. Kapern gibt man erst kurz vor Ende der Zubereitung an die Speisen, damit sie ihren Geschmack behalten und nicht bitter werden.

Frittata di Carciofi

ARTISCHOCKEN-OMELETT

8 frische, junge, mittelgroße Artischocken
4 EL Olivenöl
1 große Zwiebel, in dünne Ringe geschnitten
6 Eier von freilaufenden Hühnern
2 EL grob gehackte glatte Petersilie
45 g Parmesan, gerieben
Salz und Pfeffer

Die harten äußeren Blätter der Artischocken entfernen und die Spitzen abschneiden. Wenn die Artischocken jung und zart sind, die Stiele einfach auf 5 cm kürzen und schälen. Die Artischocken vierteln, und das Heu mit einem Messer entfernen. Zusammen mit Olivenöl, der Zwiebel und etwa 6 Eßlöffel Wasser in eine Bratpfanne geben. Zugedeckt bei kleiner Hitze köcheln lassen, bis sie gar sind und die gesamte Flüssigkeit verdunstet ist.

Eier mit Petersilie, Parmesan sowie etwas Salz und Pfeffer verquirlen und über die Artischocken gießen. Ohne umzurühren bei kleiner Hitze stocken lassen. In Tortenstücke schneiden und servieren.

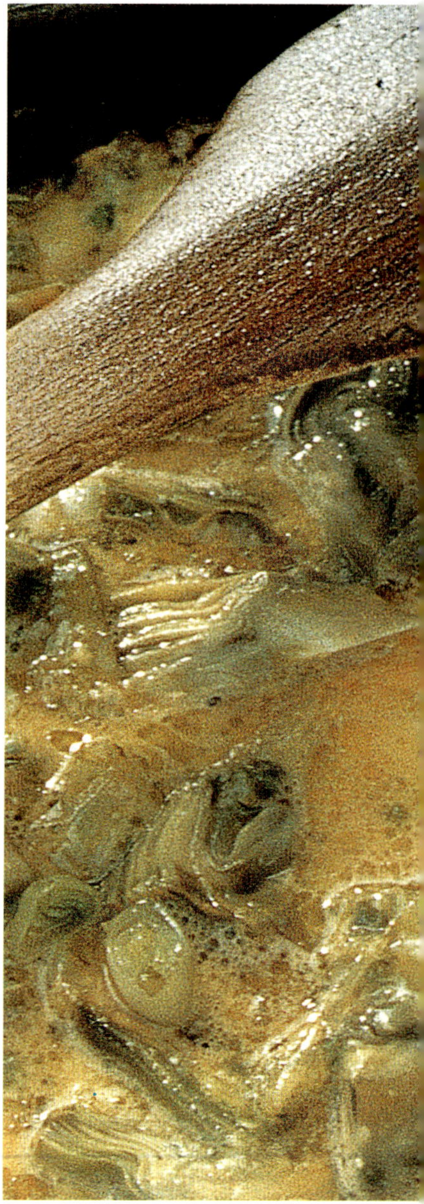

Links: Frittata di Carciofi;
rechts: Carciofi in Agrodolce (s. Seite 15)

Asparago (Spargel)

Die Italiener lieben Spargel sehr und essen ihn im allgemeinen nur in der Saison als geschmacklich hervorragendes Freilandgemüse. Die Emilia-Romagna, Venetien und das Piemont sind die Gegenden Italiens, in denen der meiste Spargel angebaut wird, es gibt aber auch ein paar kleinere Spargelgebiete um den Vesuv in Kampanien. Spargel ist ein Schößling, der, wenn man ihn wachsen läßt, wunderbar zarte, spitzenähnliche Wedel hervorbringt, die man auch in Blumenarrangements verwenden kann. Wenn die Spitzen der Schößlinge aus dem Boden ragen, schneidet man sie mit einem langen Spezialmesser ab, so daß man etwa 15 cm lange Stangen erhält.

Spargel muß sorgfältig vorbereitet und gekocht werden. Ich persönlich dämpfe ihn am liebsten, denn dabei bleibt die zarte Spitze heil und behält ihren vollen Geschmack. Am besten ist Spargel ganz frisch; die Stangen sollten fest geschlossene Köpfe haben. Vor dem Kochen die harte, faserige Schale am unteren Ende abschälen. Wenn Sie den Spargel kochen wollen, stellen Sie ihn aufrecht in einen kleinen, hohen Topf, so daß die zarten Spitzen aus dem Wasser ragen. Legen Sie keinen Deckel auf den Topf, denn dann würde die Hitze des Dampfes die Köpfe vorzeitig garen.

Asparagi alla Emiliana

SPARGEL NACH ART DER EMILIA-ROMAGNA

800 g grüner Spargel
100 g Parmesan, gerieben
85 g Butter, zerlassen
Salz und Pfeffer

Den unteren Teil der Spargelstangen schälen, dabei alle holzigen Stellen entfernen. In leicht gesalzenem Wasser kochen, bis die Stiele weich sind, aber noch Biß haben, und die Köpfe nicht zerfallen.

Abgießen und die Stangen parallel zueinander auf die Teller legen. Mit Parmesan, Salz und Pfeffer bestreuen, die heiße, zerlassene Butter über die Spitzen gießen und sofort servieren.

Spargel ist ein wunderbares Gemüse, das großartig zu Milchprodukten paßt. Ich selbst ziehe grünen dem weißen Spargel vor.

Risotto con Asparagi

SPARGEL-RISOTTO

900 g frischer Spargel
etwa 1 l Gemüsebrühe
4 EL Olivenöl
85 g Butter
1 kleine Zwiebel, gehackt
350 g Carnaroli- oder Vialone-Nano-Reis
55 g Parmesan, gerieben
Salz und Pfeffer

Den Spargel putzen und in siedendem Salzwasser gar kochen. Beim Abgießen die Kochflüssigkeit zurückbehalten. Die Spargelstangen in 1 cm lange Stücke schneiden, die Spitzen jedoch ganz lassen.

Die Gemüsebrühe mit dem Spargelwasser auf etwa 1,75 Liter Flüssigkeit reduzieren und einen Risotto zubereiten (siehe rechts). Dabei die Spargelstücke ohne die Spitzen kurz vor dem Reis hinzufügen. Mit den Spargelspitzen garniert servieren.

Ein Reisfeld in Pizzarosto in der Nähe von Vercelli.

Riso (Reis)

Italiens Reis wird fast ausschließlich im eigenen Land produziert. Fast alle angebauten Sorten sind ideal für Risotto, das typisch italienische Reisgericht. Man unterscheidet je nach Qualität und Kocheigenschaft Riso commune, Riso semifino, Riso fino *und* Riso superfino *(z. B.* Carnaroli, Vialone Nano *und* Arborio*). Für Risotto darf der Reis nicht gewaschen werden. Man dünstet zuerst eine fein gehackte Zwiebel und Gewürze nach Wunsch in Olivenöl an und mischt dann den Reis unter. Nun gibt man nach und nach die Kochflüssigkeit wie Wein und heiße Brühe dazu, wobei der Wein zuerst zum Reis kommt und völlig verdampfen muß, bevor die Brühe kellenweise unter Rühren angegossen wird. Wenn fast alle Brühe verbraucht ist, kostet man ein Reiskorn und prüft, ob der Reis schon »al dente« ist, das heißt außen weich und innen noch fest ist. Falls nicht, muß noch weitere Brühe dazugegeben werden. Wenn ja, nimmt man den Reis vom Herd (er gart noch weiter) und gibt unter kräftigem Rühren Butter und Parmesan dazu. Ein fertiger Risotto ist weich, aber nicht flüssig.*

Pizzoccheri

BUCHWEIZEN-NUDELN MIT KARTOFFELN UND KOHL

Grano Saraceno (Buchweizen)

Buchweizen ist eine Getreideart, die nicht zur Gattung Weizen gehört. Sie stammt aus der Mongolei und kam im Mittelalter durch die Sarazenen nach Europa, Im 16. Jahrhundert buk ganz Italien Brot aus Buchweizen, heute dagegen wird er nur noch in zwei kleinen Gebieten angebaut. Das Valtellina (Veltlin) in der Lombardei, wo man aus Buchweizen die Pastasorte Pizzoccheri *zubereitet, aber auch eine Art bäuerlicher Polenta. Diese* Polenta taragna *besteht aus Mais- und Buchweizenmehl und dem dortigen* Scimud- *oder* Bitto-*Käse. Da zweite Gebiet, in dem Buchweizen angebaut wird, ist Venetien, wo man den Buchweizen ebenfalls noch für Polenta verwendet.*

FÜR 6 PERSONEN

2 große Kartoffeln, geschält und klein gewürfelt
500 g Wirsingkohl, in Streifen geschnitten
2 Knoblauchzehen, in Scheiben geschnitten
6 Salbeiblätter
100 g Butter
300 g Käse (Bitto, Toma oder Asiago), in dünne Scheiben geschnitten
85 g Parmesan, gerieben
Salz und Pfeffer

FÜR DIE PIZZOCCHERI:

250 g Buchweizen-Mehl
100 g Mehl 00 (Doppio Zero)
2 Eier
4 EL Milch
1 Prise Salz

Für die Pasta beide Mehlsorten auf die Arbeitsfläche häufen, in die Mitte eine Mulde drücken. Eier, Milch, Salz und genügend Wasser dazugeben, um einen festen Teig zu erhalten. In 8 bis 10 Minuten glatt und geschmeidig kneten, zudecken und 20 Minuten ruhen lassen. 5 mm dick ausrollen und in 6 cm lange und 1 cm breite Streifen schneiden.

Kartoffeln und Kohl in leicht gesalzenem Wasser fast gar kochen. Etwa 6 bis 8 Minuten vor Ende der Garzeit die Pizzoccheri dazugeben und mitkochen. In der Zwischenzeit Knoblauch und Salbei bei kleiner Hitze in der Butter anbraten und vom Herd nehmen. Pizzocheri und Gemüse abgießen, eine Lage in eine vorgewärmte flache Schüssel geben und mit einigen Käsescheiben bedecken. Knoblauch-Salbei-Butter langsam wieder erhitzen, bis sie schäumt, etwas davon über den Käse gießen und mit Parmesan bestreuen. Diese Schichten wiederholen, zum Schluß die restliche Butter darübergießen. 1 bis 2 Minuten stehenlassen und gut mischen, bis der Käse ganz geschmolzen ist.

Frittella Palermitana

FRÜHLINGSGEMÜSE NACH ART VON PALERMO

Für 2 Personen als Hauptgericht,
für 4 Personen als Beilage oder Pastasauce
4–5 kleine, junge Artischocken
90 ml Olivenöl
1 große Zwiebel, in dünne Scheiben geschnitten
150 g ausgepalte, frische Erbsen
150 g ausgepalte, frische dicke Bohnen
1 EL in Salz eingelegte Kapern, 10 Minuten in Wasser eingeweicht, dann abgegossen
300 ml Wasser
Salz und Pfeffer

Die Artischocken vorbereiten, dafür Stiele und äußere Blätter entfernen (siehe Carciofo, Seite 15). Kleine, junge Artischocken haben praktisch kein Heu und machen daher beim Putzen wenig Arbeit. Artischocken vierteln.

Öl in einem Topf erhitzen, und die Zwiebel darin glasig andünsten. Erbsen, Bohnen, Artischocken, Kapern sowie etwas Salz und Pfeffer hinzufügen, mit Wasser aufgießen und gut umrühren. Zudecken und bei mittlerer Hitze unter gelegentlichem Rühren rund 20 Minuten garen, bis das Gemüse weich ist.

In Sizilien wird das Gemüse gern übergart, ich selbst bevorzuge meine Variante, bei dem es noch Biß hat.

***Fava* **
(Dicke Bohne, Saubohne)

Wenn Sie frische dicke Bohnen kaufen, achten Sie darauf, daß die Schoten fest und glänzend sind, die Kerne fest und dicht gedrängt. Bedenken Sie stets, daß drei Viertel des Gewichts Abfall sind. Wenn Sie also 500 g Bohnenkerne benötigen, müssen Sie insgesamt etwa 2 kg kaufen.

Ich bereite dicke Bohnen gern mit Zwiebeln und Speck oder klein gewürfeltem Parmaschinken zu. Sie schmecken auch püriert gut als Beilage zu Schweinefleisch.

Cece (Kichererbse)

Diese rund um das Mittelmeer beliebte Hülsenfrucht wird auch überall in Italien gern verwendet. Sie ist rund und cremefarben und wird aus klimatischen Gründen nur im wärmeren Süden angebaut. Die Kichererbse ist wahrscheinlich die einzige Hülsenfrucht, die frisch oder getrocknet gleich gut schmeckt. Dies ist auch der Grund, weshalb sie in großen Mengen in Dosen oder Gläsern konserviert in den Handel kommt. Getrocknete Kichererbsen müssen zunächst je nach Alter bis zu 24 Stunden in Wasser eingeweicht und danach mindestens 3 Stunden gekocht werden (halb so lange im Dampfdrucktopf).

Panelle di Palermo

KICHERERBSEN-BRÄTLINGE

Für 4–6 Personen
1 l Wasser
250 g Kichererbsenmehl
1 EL fein gehackte glatte Petersilie
Salz und Pfeffer
Olivenöl zum Braten

Wasser in einem Topf bis kurz vor dem Siedepunkt erhitzen, vom Herd nehmen und langsam das Kichererbsenmehl einstreuen, dabei ständig gut rühren, damit es nicht klumpt. Den Topf wieder auf den Herd stellen und etwa 30 Minuten unter ständigem Rühren kochen lassen. Petersilie hinzufügen und salzen. Die Mischung auf eine feuchte Marmorplatte oder ein nasses Backblech geben und zu einer etwa 1cm dicken Platte verteilen. Wenn die Masse abgekühlt ist, in Quadrate oder Kreise schneiden. In Olivenöl auf beiden Seiten goldbraun braten. Mit frisch gemahlenem schwarzem Pfeffer heiß servieren.

Die Brätlinge werden traditionell zur Frittella (Seite 29) serviert. Wie viele sizilianische Gerichte sind sie von der arabischen Küche beeinflußt.

Panissa

BOHNEN MIT REIS

FÜR 6 PERSONEN
300 g getrocknete Borlotti-Bohnen
4 EL Olivenöl
1 große Zwiebel, in dünne Ringe geschnitten
100 g Pancetta, klein gewürfelt
55 g Parmaschinken, klein gewürfelt
400 g Risotto-Reis, z. B. Carnaroli oder Arborio
100 ml Rotwein
2 l Hühnerbrühe
Salz und Pfeffer

Die Bohnen über Nacht in reichlich Wasser einweichen, dann das Wasser abgießen. In einem Topf mit frischem Wasser bedeckt etwa 2 Stunden kochen, bis sie gar sind. Abgießen und beiseite stellen.

Olivenöl in einem Topf erhitzen. Zwiebel, Pancetta und Parmaschinken 5 bis 6 Minuten darin anbraten. Reis und Bohnen dazugeben und gut verrühren. Rotwein angießen und dann wie beim Kochen von Risotto fortfahren. Heiß ohne Parmesan servieren.

Idealerweise wird Panissa mit frischen Borlotti-Bohnen zubereitet. Da sie außerhalb Italiens selten sind, ersetzt man sie hier durch Trockenbohnen.

Borlotto (Borlotti-Bohne)

*Diese Bohnen unterscheiden sich durch das Muster ihrer Haut von anderen Bohnen. Die Schoten (*bacelli*) der frischen Bohnen sind gelblich mit roten und grünen Flecken, die Kerne sind weiß mit roten Flecken.*

Borlotti-Bohnen werden geerntet, wenn die Schoten völlig trocken sind und die Kerne eine dunklere Farbe angenommen haben. Sie werden vorwiegend getrocknet verwendet. Man nimmt sie für Suppen, insbesondere Minestrone. *Man kann sie aber auch einfach etwa 30 Minuten kochen und mit Olivenöl extra vergine, Oregano oder Rosmarin und etwas Essig anmachen. Salz fügt man erst am Ende der Kochzeit hinzu, weil die Bohnen sonst hart werden.*

Gattò di Patate

KARTOFFELKUCHEN

Für 6 Personen
1 kg mehlig kochende Kartoffeln
55 g gekochter Schinken, gewürfelt
25 g Mozzarella aus Büffelmilch, klein gewürfelt
100 g Provola, klein gewürfelt
55 g Parmesan, gerieben
4 Eier, verquirlt
2 EL fein gehackte glatte Petersilie
1 Stückchen Butter zum Ausfetten der Form
4 EL Semmelbrösel
4 EL Olivenöl
Salz und Pfeffer

Den Backofen auf 180° C (Gas Stufe 3) vorheizen. Die Kartoffeln gar kochen, abgießen und schälen. Durch ein Sieb passieren. Das Kartoffelpüree mit Schinken, Mozzarella, Provola, Parmesan, den verquirlten Eiern, Petersilie sowie etwas Salz und Pfeffer vermischen. Eine runde Kuchenform von 25 cm Durchmesser mit Butter ausfetten und mit etwa der Hälfte der Semmelbrösel ausstreuen. Die Kartoffelmischung hineingeben und mit einer Gabel gut verteilen. Mit den restlichen Semmelbröseln bestreuen und Olivenöl darüberträufeln. 30 Minuten backen, bis der Kuchen goldbraun ist. Er schmeckt warm und kalt ausgezeichnet.

Patata (Kartoffel)

Unter den zahlreichen Kartoffelsorten, die in Italien angeboten werden, sind die mehligen weißen Wintersorten Tonda di Napoli *und* Bianca di Como *am wichtigsten. Man verwendet sie für Pürees, Gnocchi, Kroketten und als Deckschicht für schmackhafte Pasteten. Man kann sie auch backen, sowohl im Ganzen samt der Schale als auch gewürfelt oder in Scheiben geschnitten mit Zwiebeln. Sie sind ein nützliches Bindemittel für Suppen wie Minestrone und eine leckere Begleitung zu Pasta.*

Patate al Rosmarino

ROSMARIN-KARTOFFELN

Rosmarino (Rosmarin)

Dieses immergrüne Kraut wächst in allen Küstenregionen Italiens, und fast jede Familie mit Garten oder Balkon pflegt einen kleinen Rosmarinbusch für den Eigenbedarf. Die aromatischen Nadeln mit ihrer samtgrauen Unterseite sitzen an holzigen Zweigen. Im Sommer trägt der Rosmarin hübsche blaue Blüten. Er paßt besonders gut zu gebratenem Fleisch. Man gibt ihn fein gehackt in Marinaden und Saucen, sollte ihn jedoch sparsam verwenden. Auf glühende Holzkohlen gestreut, verleiht Rosmarin Fleisch und Fisch einen rauchigen Geschmack. Rosmarin ist am besten frisch, da er beim Trocknen einen leicht anderen Geschmack bekommt.

Für 6–8 Personen
1,5 kg festkochende Kartoffeln
einige Zweige Rosmarin
4 Salbeiblätter
reichlich toskanisches Olivenöl,
extra Vergine zum Braten
Salz

Die Kartoffeln schälen und 10 Minuten in leicht gesalzenem Wasser kochen. Abgießen und in etwa 2 cm große Würfel schneiden.

Den Boden einer großen Bratpfanne mit reichlich Olivenöl bedecken, bei mittlerer Temperatur erhitzen, und die Kartoffelwürfel unter mehrfachem Wenden darin braten, bis sie gar und rundum gebräunt sind. Nach etwa der Hälfte der Garzeit Rosmarin und Salbei hinzufügen, vor dem Servieren salzen.

Rosmarin hat einen sehr intensiven Geschmack, man sollte ihn sparsam verwenden. Kartoffeln vertragen sein Aroma jedoch gut, vor allem in Kombination mit Toskanischem Olivenöl.

1500
Kg

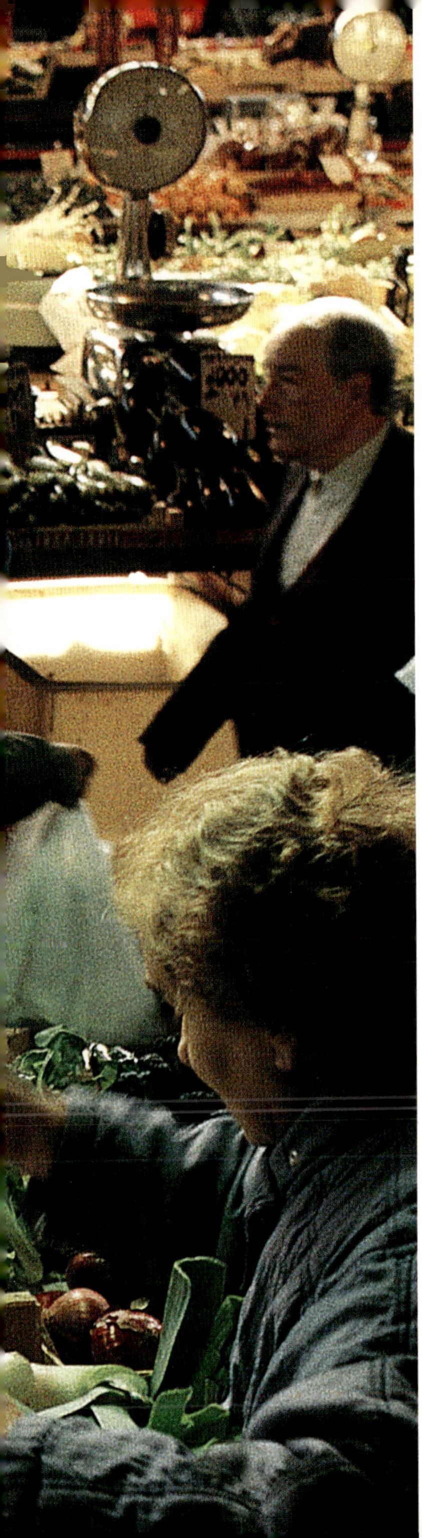

Crocchette di Patate

KARTOFFELKROKETTEN MIT MOZZARELLAFÜLLUNG

800 g mehlige Kartoffeln
4 EL frisch geriebener Parmesan
3 Eidotter
1 EL sehr fein gehackte glatte Petersilie
300 g Büffelmozzarella, in Stifte geschnitten
Olivenöl zum Fritieren
1 Eiweiß, leicht geschlagen
Salz und Pfeffer
Semmelbrösel zum Wälzen

Die Kartoffeln mit der Schale gar kochen. Abgießen und noch warm schälen. Durch ein Sieb passieren, dann mit Parmesan, Eigelb, Petersilie, Salz und Pfeffer nach Geschmack verrühren. Gut vermischen, damit eine glatte Masse entsteht.

Etwas Kartoffelmischung in die Handfläche geben. Einen Mozzarellastift in die Mitte legen und vollständig mit Kartoffelmasse bedecken. Zu einem Zylinder formen und darauf achten, daß der Käse in der Mitte bleibt. Mit der restlichen Kartoffelmasse und dem Käse ebenso verfahren. Die Kroketten in Eiweiß tauchen, in Semmelbrösel wälzen und einige Minuten fritieren, bis sie knusprig und braun sind. Warm servieren.

Der Obst- und Gemüsemarkt in Florenz.

Peperoni al Pomodoro

PAPRIKA MIT TOMATENSAUCE

90 ml Olivenöl
600 g kleine Paprikaschoten (*Peperoncini dolce*), ohne Stiele
1 Knoblauchzehe, fein gehackt
400 g reife Tomaten, gehäutet, entkernt und gehackt
(oder die entsprechende Menge Tomatenpüree)
6 Basilikumblätter
Salz

Öl in einer Pfanne erhitzen und die Peperoncini unzerteilt (die kleinen Kerne sind eßbar) unter ständigem Rühren anbraten. Knoblauch dazugeben und 1 Minute mitbraten, zuletzt Tomaten, Basilikum und Salz unterrühren. Zugedeckt 15 bis 20 Minuten köcheln lassen, bis die Peperoncini gar sind. Meine Mutter ergänzte dieses Gericht mit neuen Kartoffeln und servierte es mit Brot als Vorspeise.

Peperone (Paprikaschote)

Die aus Südamerika stammende Paprikaschote kam gegen Ende des 18. Jahrhunderts nach Italien, eroberte sich schnell ihren Platz in der italienischen Küche und wird heute in ganz Italien angebaut.

Obwohl die Paprikaschote nicht mit ihrer engen Verwandten, der Chilischote (peperoncino), verwechselt werden darf, kann auch sie leicht scharf sein. Man kann Paprikaschoten nicht nur braten und einlegen, sondern auch grillen, enthäuten, in Streifen schneiden und mit Olivenöl, Salz und Knoblauch anmachen, heiß oder kalt zu verschiedenen Fleischsorten servieren.

Manchmal heißen diese Paprikaschoten in Süditalien friarielli – wie auch cime di rapa genannt werden. Da heißt es aufpassen, daß man beim Einkauf das Richtige bekommt!

Finocchio Fritto

GEBRATENER FENCHEL

3 große, zarte Fenchelknollen
2 Eier, verquirlt
60 g Butter
Salz und Pfeffer
Mehl zum Wälzen

Den Fenchel in kochendem Salzwasser gar kochen; dabei den Garzustand mit einer Messerspitze prüfen. Abgießen und abkühlen lassen, dann in Viertel schneiden.

Die Eier mit Salz und Pfeffer verquirlen. Die Fenchelviertel in Mehl und in Ei wälzen, so daß sie rundum damit bedeckt sind. Bei niedriger Hitze Butter in einer Pfanne zerlassen, und den Fenchel darin auf allen Seiten goldgelb braten.

Finocchio (Fenchel)

Er schmeckt roh und gekocht gleich köstlich. Er wird überall in Italien verwendet, roh im Pinzimonio *und in Salaten, blanchiert und mit Butter und Parmesan im Ofen gebacken oder in Eierteig gewendet und fritiert. Ein Fenchelsalat aus fein geschnittenen Knollen, mit Olivenöl extra vergine, Salz, Pfeffer und ein paar Tropfen Zitronensaft, ist für mich das Zeichen, daß endlich der Sommer gekommen ist.*

Dieses einfache Fenchelgericht ist eine herrliche Beilage für alle milden Fleisch- und Fischgerichte.

Caponata

SIZILIANISCHER GEMÜSEEINTOPF

Für 6 Personen
1 große Zwiebel, gehackt
3–4 Selleriestangen mit Blättern, gehackt
5 EL Olivenöl
1 kg Auberginen, in etwa 2,5 cm große Würfel geschnitten
1 EL in Salz eingelegte Kapern, 10 Minuten in Wasser eingeweicht, dann abgegossen
20 grüne Oliven, entsteint
1 EL Zucker
1 EL Weißweinessig
55 g Tomatenmark
Salz und Pfeffer

Zwiebel und Sellerie in leicht gesalzenem kochendem Wasser einige Minuten blanchieren, dann abgießen. Öl in einer großen Pfanne erhitzen und die Auberginen darin portionsweise anbraten. Zwiebel, Sellerie und alle restlichen Zutaten hinzufügen, gut umrühren und zugedeckt etwa 15 Minuten garen, dabei gegen Ende der Kochzeit den Deckel abnehmen. Sollte die Sauce zu stark einkochen, ein oder zwei Eßlöffel Wasser hinzufügen. Zuletzt mit Salz und Pfeffer abschmecken.

Caponata kann man kalt als *antipasto* und warm als Beilage zu Fleisch oder als Pastasauce servieren.

Melanzana (Aubergine)

Dieses Gemüse ist im ganzen Mittelmeerraum verbreitet und kennt unzählige Zubereitungsarten. In Italien ißt man es vor allem im Süden, und es wird in Kampanien, Apulien, Kalabrien, Sizilien und Sardinien angebaut. Auberginen gibt es lang und oval, aber auch rundlich wie große Eier, in einer Farbpalette von Dunkel- bis Hellviolett bis hin zu Weiß. Frische Auberginen sollten sich fest anfühlen, mit einer ziemlich straffen, glatten Schale. Das Fruchtfleisch ist weiß oder hellgrün und enthält eine Menge kleiner, weicher Samenkörner. Die Aubergine hat einen leicht bitteren Geschmack, vor allem die schlankeren Sorten, so daß man diese vor dem Kochen oft in Scheiben schneidet, salzt und dann stehen läßt, bis das Salz den Früchten die Bitterstoffe entzogen hat.

Auberginen können auf unterschiedliche Weise zubereitet werden, z. B. als Melanzane al funghetto. *Dazu werden sie geschält, in Würfel geschnitten und mit Knoblauch, Petersilie und Salz in Olivenöl gebraten. Damit sie nicht zuviel Öl aufsaugen, blanchiert man sie vor dem Braten.*

CONIATO
ricerca

Mozzarella Caprese

MOZZARELLA MIT TOMATEN UND BASILIKUM

500 g Büffel-Mozzarella, in Scheiben geschnitten
2 große, reife Tomaten, in Scheiben geschnitten
10 Basilikumblätter
4 EL Olivenöl extra vergine
Salz und Pfeffer

Die Mozzarellascheiben abwechselnd mit Tomatenscheiben und Basilikumblättern auf einer Platte anrichten. Olivenöl darüberträufeln und mit Salz und frisch gemahlenem Pfeffer bestreuen.

Die klassische Art, Büffel-Mozzarella als Vorspeise zu servieren – mit reifen Tomaten, gutem Olivenöl und frischem Basilikum. Sie wird häufig auch *Insalata caprese* genannt.

Mozzarella (Büffelweichkäse)

*Dieser Käse hat seinen Namen von der Technik, mit der geronnene Milch mit den Fingern auseinandergerissen (*mozzare*) wird, um daraus Kugeln zu formen. Er wird vor allem in Battipaglia in der Provinz Salerno produziert, aber auch in Caserta, in der Provinz Neapel sowie in Apulien und Latium. Echter Büffelkäse wird nur noch von wenigen Spezialisten hergestellt, denn es gibt nicht genug Büffelmilch, um die große Nachfrage zu befriedigen.*

Frische Mozzarella hat einen süßen, nussigen und leicht salzigen Geschmack und ist makellos weiß. Sie sollte auch ein paar Löcher haben, aus denen Molke tropft, wenn man sie schneidet. Im Latium, besonders in der Gegend um Rom, wird eine weitere Mozzarella-Variante, Provatura, *hergestellt, aus Kuhvollmilch und pasteurisierter Schafmilch.*

Insalata di Campo

SALAT AUS WILDEN KRÄUTERN

Rucola, Ruchetta (Rauke, Rucola)

Die länglichen, gezackten Blätter der Rauke haben einen scharfen Geschmack, der gut herauskommt, wenn man sie mit anderen Salatblättern mischt. Rauke wird oft als eßbare Garnierung für carpaccio *verwendet, in Salaten mit Tomaten und Mozzarella und zum Würzen von Pastasaucen oder Risotti. Rucola, die Kulturform der Rauke, hat größere und rundere Blätter.*

300 g verschiedene Küchenkräuter:
z. B. Löwenzahn, Rucola, wilder Knoblauch, junge Brennessel, Feldsalat
1 kleiner Bund Frühlingszwiebeln
1 EL Olivenöl extra vergine
30 g Anchovisfilets, püriert
1 Knoblauchzehe, sehr fein gehackt
2 EL Balsamico-Essig
Salz und Pfeffer

Alle Blätter gründlich waschen und trockentupfen oder -schleudern. Die Frühlingszwiebeln in kleine Stücke schneiden und mit den Blättern auf einer Servierplatte anrichten.

In einer kleinen Schüssel Öl, Anchovis, Knoblauch und Balsamico-Essig mit Salz und Pfeffer abschmecken. Gut durchmischen und über den Salat gießen. Die Salatsauce unterheben und servieren.

Eine beliebte Frühjahrsbeschäftigung vieler Italiener ist es, die Wiesen nach den ersten zarten Löwenzahn-Sprossen abzusuchen.

Cicoria Belga al Tartufo Nero

CHICORÉE MIT SCHWARZEN TRÜFFELN

5 große Chicorée
1 EL Trüffelöl
2 EL Olivenöl, extra vergine
1 EL Balsamico-Essig
1 Sommer-Trüffel von rund 55 g, in dünne Scheiben geschnitten
Salz und Pfeffer

Chicorée in etwa 1 cm dicke Streifen schneiden, dabei den bitteren Kern entfernen. In eine Schüssel geben und die beiden Öle, Essig, Salz und Pfeffer darübergeben. Gründlich vermischen und mit den Trüffelscheiben garnieren.

Dies ist eine der beliebtesten Vorspeisen in meinem Restaurant. Die einfache Kombination der Zutaten schmeckt herausragend gut.

Cavolfiore (Blumenkohl, Karfiol)

Im Prinzip gleicht dieser König der Kohlfamilie dem Brokkoli, außer daß seine Röschen eher kompakt und hart sind. Rundherum sitzen Blätter, an denen man erkennen kann, ob der Blumenkohl frisch ist. Die kleinsten der Blätter sind eßbar.

Blumenkohl wird in ganz Italien kultiviert. Hauptanbaugebiete sind Kampanien, die Marken, Apulien und Sizilien. Es gibt verschiedene Sorten, wie Precoce Toscano, Gigante di Napoli *und* Tardivo di Fano. *Blumenkohl hat eine lange Wachstumsperiode. Es gibt ihn von Oktober bis Ende Mai.*

Giardiniera

GEMISCHTES EINGELEGTES GEMÜSE

FÜR EIN 2,5-L-GEFÄSS

2 kg gemischtes Gemüse wie Perlzwiebeln, Einlegegurken, Blumenkohl, Möhren, Sellerie und Kürbis

2 l Weißweinessig

1 l Wasser

55 g Salz

30 g Zucker

1 knappe Handvoll Lorbeerblätter

1 knappe Handvoll Gewürznelken

etwas Chilischote (nach Belieben)

einige Wacholderbeeren (nach Belieben)

Das Gemüse wenn nötig schälen und in mundgerechte Stücke schneiden. Essig und Wasser in einem großen Topf mit Salz und Zucker unter Rühren zum Kochen bringen, bis Zucker und Salz aufgelöst sind. Das Gemüse 30 Minuten darin garen. Noch heiß in ein 2,5 l fassendes Einmachgefäß (oder mehrere kleine Gefäße) geben, dabei Lorbeerblätter, Nelken und eventuell Chili und Wacholderbeeren dazwischenstreuen. Das Gefäß verschließen und kühl lagern. Das Gemüse kann gleich verzehrt oder noch länger gelagert werden.

Insalata di Rinforzo

»VERSTÄRKTER« SALAT

1 Blumenkohl
150 g schwarze Oliven
200 g eingelegte gelbe oder rote Paprikaschoten
200 g Giardiniera
30 g große, in Salz eingelegte Kapern, 10 Minuten in Wasser eingeweicht, dann abgegossen
100 g Anchovisfilets
Olivenöl vergine zum Beträufeln
etwas fein gehackte Chilischote (nach Belieben)

Den Blumenkohl in Röschen teilen und in leicht gesalzenem kochendem Wasser al dente garen, dann abgießen. Blumenkohlröschen, Oliven, eingelegte Paprika, giardiniera und Kapern in eine Schüssel geben und mit Olivenöl beträufeln, dann in ein großes Schraubgefäß füllen. Die Anchovisfilets in einem Gittermuster darüberlegen, das Gefäß verschließen und kühl aufbewahren.

Dieser typisch neapolitanische Salat wird zu Anfang der Weihnachtszeit zubereitet und trägt seinen Namen (*rinforzare* bedeutet »verstärken, mit Nachschub versehen«), weil er jederzeit mit frischen Zutaten ergänzt werden kann!

Glossar von A-Z

Artischoke siehe Carciofo S. 15

Aubergine siehe Melanzana Seite 43

Blumenkohl, Karfiol siehe Cavolfiore Seite 52

Bohnensuppe/Paniscia
Mitten aus der reisproduzierenden Region um Novara kommt diese Bohnensuppe, die Ähnlichkeit mit einem weichen Risotto hat. Frische Borlotti-Bohnen werden ein paar Stunden langsam mit Wirsingkohl, Staudensellerie, Tomaten, Zwiebeln und einem Stückchen *cotenna* (Schweineschwarte) gekocht. In einen zweiten Topf gibt man etwas Butter, Schmalz, eine frische Wurst und fein gehackte Zwiebeln. Kurz anbraten, dann wie bei einem Risotto den Reis hinzufügen. Ein Glas guten Barolo dazugießen, danach langsam, Schöpfkelle für Schöpfkelle, Gemüse und Brühe. Nach 18 bis 20 Minuten ist die paniscia fertig. Im benachbarten Vercelli gibt es ein ähnliches Gericht, das dort jedoch *panissa* genannt wird.

Borlotti-Bohne siehe Borlotto Seite 31

Borretsch/Borragine, Borrana
Dieses robuste Gewürzkraut hat große, behaarte Blätter. Man serviert es wie ein Gemüse mit Olivenöl und ein paar Tropfen Zitronensaft angemacht, in Suppen und als Füllung für Ravioli. Die hellblauen Blüten sind ebenfalls eßbar, als Dekoration für Salate oder als kleine ausgebackene Beignets zu Getränken.

Brennessel/Ortica
Von den zahlreichen Nesselarten ist die junge gemeine Brennessel diejenige, die man essen kann und die sogar sehr gut schmeckt. Damit die Nesseln nicht brennen, geben Sie sie eine Weile in den Kühlschrank und blanchieren sie dann in leicht gesalzenem Wasser etwa 5 Minuten. Sie schmecken in Suppe, mit Olivenöl und Zitronensaft angemacht und als Gemüsebeilage. Auch für Risotto sind sie geeignet oder als Raviolifüllung wie Spinat.

Brokkoli/Broccolo, Broccoletto
Brokkoli, von dem es verschiedene Sorten gibt, gehört zur selben Familie wie Kohl und Blumenkohl. Er besteht aus Tausenden von Blütenknospen, die oben auf der Pflanze sitzen. Wenn sie aufblühen, wird der Brokkoli gelb. Daher erkennt man frischen Brokkoli daran, daß seine Knospen fest geschlossen und dunkelblaugrün sind. Brokkoli gedeiht am besten in Kalabrien und Sizilien.

Broccoletti sind kleine Brokkoli-Röschen. Wie Rosenkohl sprießen sie am Stamm, nachdem der Kopf (die Hauptblüte) abgeschnitten wurde.

Buchweizen siehe Grano Saraceno Seite 26

Büffelweichkäse/Mozzarella siehe Mozzarella Seite 47

Cannellini-Bohne/Cannellino
Cannellini-Bohnen haben sich aus den Küchen der Toskana dank ihres Geschmacks, ihres hübschen Weiß und der leichten Zubereitung über ganz Italien verbreitet. Sie lassen sich in reifem Zustand schlecht ernten, daher wartet man bis zum Herbst, wenn die Schote völlig trocken ist. Aus diesem Grund werden sie selten frisch angeboten.

Chicorée, Zichorie, Radicchio/Cicoria, Cicorietta, Catalogna, Radicchio
Unter diesen Bezeichnungen werden eine Vielzahl von Salat- und Gemüsepflanzen zusammengefaßt. Sie stammen alle von der Wildpflanze *Cicoria selvatica* ab, einer engen Verwandten des Löwenzahns, und sind leicht bitter im Geschmack. *Catalogna* ist eine Zuchtform der wilden Zichorie. Sie ähnelt dem Löwenzahn, ist jedoch größer. Ihre dichten Blätter entspringen einer Wurzel, die zusammen mit den zarten weißen Stielenden zube-

reitet werden kann wie wilder Löwenzahn. *Catalogna puntarelle* sind eine buschige Varietät derselben Pflanze. An jeder Wurzel sitzen 20 bis 30 zarte, saftige kleine Blättchen. *Cicoria di Bruxelles*/Chicorée wurde Mitte des vergangenen Jahrhunderts von einem belgischen Gartenbauexperten entdeckt und wird seitdem überall auf der Welt erfolgreich angebaut.

Er hat kompakte, cremeweiße Blätter, die geschmort oder gegrillt vorzüglich schmecken, und roh Abwechslung in Salate bringen. *Radicchio*/Radicchio ist eine Salatpflanze, die ebenfalls zur Zichorienfamilie gehört und wegen ihres zartbitteren Geschmacks und ihrer dunkelroten Farbe gern gegessen wird. Es gibt zwei Sorten, Rosa di Verona und Radicchio di Treviso. Rossa di Verona ist ein runder, kompakter Ball. Er wird hauptsächlich in Venetien angebaut, vor allem in der Gegend um Chioggia. Der berühmte Radicchio di Treviso verdankt seinen Namen seinem Anbaugebiet. Es gibt ihn nur im Winter, wenn er prachtvoll dunkelrot ist. Er hat lange, spitze Blätter und wird gewöhnlich mit der fleischigen, eßbaren Wurzel verkauft. Er muß aufwendig behandelt werden, bevor man ihn verkaufen und essen kann.

Ceriolo verde und *Ceriolo rosso* sind zwei besonders hübsche Salatpflanzen aus der Zichorienfamilie. Sie sehen aus wie Rosen, die eine mit grünen Blütenblättern, die andere mit roten. *Cicorietta da taglio* ist ein weiteres, zierliches Salatgemüse, das sehr schnell wächst. Die kleinen Pflänzchen werden so eng gesät, daß sie einen grünen Teppich bilden. Man verwendet die kleinen, zarten Blättchen, die nach dem Schneiden wieder nachwachsen. *Scarola*/ Eskarol wächst in Form eines buschigen, dunkelgrünen Kopfes mit robusten Außenblättern. Für Salate verwendet man nur das cremeweiße und gelbe Innere. *Indivia*/Winterendivie oder Frisée ist eine weitere Salatpflanze vom selben Zweig der Familie wie die *scarola*.

CRUDITÉ, ROHKOST/CRUDITÀ

Crudités sind rohe Gemüse, die mit Dips oder in Salaten gegessen werden. In Italien gibt es hierfür zwei besonders beliebte Rezepte, das eine stammt aus dem Piemont, das andere aus der Toskana. Die berühmte Bagna caôda, auf deutsch »heißes Bad«, ist eine pikante Sauce aus gehackten Anchovis, Knoblauch und zerlassener Butter, die in besonderen Terrakottapfännchen über einem Rechaud warm gehalten werden. In diese aromatische Mischung taucht man ausgewählte zarte Herbst- oder Wintergemüse, reicht frisches Brot dazu und spült das Ganze mit reichlich rotem Barbera hinunter. Die klassischen Zutaten für Bagna caôda sind Topinambur, Karden, Staudensellerie, Paprikaschoten, Artischocken und Möhren, aber jedes andere zarte rohe Gemüse paßt ebenso. Wegen des vielen Knoblauchs ist die Bagna caôda nicht jedermanns Sache, doch wenn man ihn vorher in Milch einlegt, ist seine Geruchswirkung nicht mehr ganz so stark.

Ein weiterer bekannter und beliebter Dip ist der toskanische Pinzimonio, in anderen Teilen Süditaliens auch Cazzimperio genannt. Dieses Gericht besteht aus nichts anderem als aromatisiertem Olivenöl extra vergine in einer kleinen Schüssel, in das man Frühlingsgemüse wie Spargel, Artischocken, Möhren, Gurken, Fenchel, Lauchzwiebeln, Staudensellerie, Artischocken und jedes andere wohlschmeckende Gemüse der Saison taucht. Es wird in toskanischen Trattorien meist als Vorspeise serviert.

DICKE BOHNE, SAUBOHNE SIEHE FAVA SEITE 29

EINGELEGTES GEMÜSE/ GIARDINIERA

Ein Antipasto ist nicht komplett ohne Giardiniera oder Vegetali alla giardiniera, auf deutsch »Gartengemüse«. Dieses herrlich knackige, appetitanregende Essiggemüse ist eine Mischung aus Möhren, Bohnen, Zwiebeln, Gurken, Zucchini, Blumenkohl, Kohlrabi und allen anderen Sorten, die die Jahreszeit gerade bietet, die kleingeschnitten und in Weinessig gar gekocht werden (siehe Rezept auf Seite 52). Wenn man die Giardiniera mit Wurst- oder Schinkenscheiben als Antipasto ißt, regt die Säure des Essigs den Appetit an.
Die Giardiniera wird in der Regel im Sommer zuhause zubereitet, wenn alle Zutaten frisch und reichlich vorhanden sind. Dann kann man sie auch als Wintervorrat in Gläsern einmachen.

Im Lauf der Zeit hat sich ihre kommerzielle Produktion zu einer gewaltigen Industrie ausgewachsen, weil die Giardiniera mittlerweile ein wesentlicher Bestandteil des Antipasto geworden ist.

ERBSE/PISELLO
Da Erbsen beinahe unabhängig vom Klima gedeihen, werden sie fast überall in Italien angebaut. Wenn Sie Erbsen einkaufen, achten Sie darauf, daß die Schoten frisch und sattgrün sind. Gelbe oder hellgrüne Erbsen sind alt und hart.

Ebenfalls zur Erbsenfamilie gehört die Zuckerschote (*taccola* oder *pisello mangiatutto*), die im ganzen verzehrt wird. Sie sollte nur kurz blanchiert werden, damit sie grün und knackig bleibt.

ESTRATTO DI POMODORO/
KONZENTRIERTES TOMATENMARK
SIEHE TOMATE

FELDSALAT, RAPUNZEL/
VALERIANELLA
Ursprünglich ein Wildsalat, der wegen seines hervorragenden Geschmacks heute fast überall angebaut wird. Sehr gut schmeckt er roh im grünen Salat. Als Dekoration sind die kleinen, sehr zarten Blattbüschel ebenfalls beliebt.

FENCHEL SIEHE FINOCCHIO
SEITE 41

FRIARIELLI
SIEHE RÜBENGRÜN

GEMÜSEBEILAGE/CONTORNO
Die Gemüsebeilage zum Hauptgericht, italienisch contorno, ist ein wichtiger Bestandteil jeder Mahlzeit. Der Begriff bezieht sich in der Regel auf das Gemüse, das am besten zum Hauptgericht paßt. Ein contorno kann beispielsweise aus Kartoffeln und einer weiteren Gemüsesorte bestehen.

GRÜNE BOHNE/FAGIOLINO
Grüne Bohnen werden meist jung und noch nicht ganz ausgereift geerntet, wenn sie besonders zart und voller Aroma sind. Fast alle Bohnen, vor allem die älteren, müssen geputzt, das heißt von Stengel, Spitze und harten Fäden befreit werden. Um festzustellen, ob eine Bohne frisch ist, bricht man sie in der Mitte durch. Wenn sie dabei knackt und innen feucht ist, ist sie frisch.

GURKE, GEWÜRZGURKE/
CETRIOLO, CETRIOLINO
Die italienische Gurke ist kürzer als ihr deutsches Gegenstück, da die Italiener Sorten bevorzugen, die eher rundlich sind wie ihre Verwandten aus der Kürbisfamilie. Gurken sollten nicht zu groß sein und sich fest anfühlen. Geschält sind Gurken leichter verdaulich, ebenso entkernt, wenn sie zu den größeren Sorten gehören.

HOPFENSPROSSEN/
BRUSCANDOLI, BRUSCANSI
Hopfen ist eine Kletterpflanze mit kleinen Dornen. Zum Kochen eignen sich nur die zarten jungen Sprossen. Die Pflanze wächst in ganz Italien wild, ist aber eine besondere Spezialität Venetiens, wo man sie für Risotti verwendet. Im Süden liebt man sie in Omeletts oder einfach gekocht und mit Knoblauch gebraten.

KAPER SIEHE CAPPERO
SEITE 17

KARDE/CARDO
Die Karde hat im Gegensatz zu ihrer engen Verwandten, der Artischocke, lange Blätter, man ißt bei ihr die Stiele und nicht die Blüten. Damit sie zart bleibt, entwickelte man besondere Anbaumethoden, wie im Piemont, wo man von September bis Oktober die langen Stiele und Blätter umbiegt und mit Erde bedeckt. In den folgenden Monaten werden die Karden ganz weiß und sehr zart und nehmen eine gebogene Form an, so daß sie im Volksmund *gobbi* (Bucklige) genannt werden.

KARTOFFEL SIEHE PATATA
SEITE 35

KICHERERBSE SIEHE CECE
SEITE 30

KNOBLAUCH/AGLIO,
AGLIETTO
Knoblauch wird seit Jahrhunderten in Italien angebaut, und 70 Prozent der Gesamtproduktion gehen heute in den Export. Die wichtigsten Anbaugebiete sind Kampanien, die Emilia-Romagna, Venetien, Apulien und Sizilien. In all diesen Gebieten wird viel mit Knoblauch gekocht.

Es gibt zahlreiche Knoblaucharten, und im Frühjahr findet man manchmal wilden Knoblauch (*aglio selvatico*), von dem man nur die dunkelgrünen, stark duftenden Blätter ißt.

Beim Knoblauch gilt: kleiner ist besser. Eine gute Knolle hat dicke, feste Zehen, Knollen mit grünen Trieben haben ihren Höhepunkt bereits überschritten und sind sehr scharf.

Bei sorgfältiger Aufbewahrung halten sich ganze Knollen bis zu einem Jahr. Um Knoblauch zu schälen, drückt man die Zehen mit dem Handballen platt, bis die Schale reißt und sich von selbst löst. Wenn Sie den Knoblauchgeruch von Ihren Händen entfernen wollen, reiben Sie sie mit Salz ab und waschen sie dann wie üblich mit Seife.

KOHL/CAVOLO

Dieses unterbewertete Gemüse ist eine der Grundlagen der modernen italienischen Küche und im Süden ebenso beliebt wie im Norden. In Italien werden vor allem vier Kohlsorten angebaut.

Cavolo Cappuccio/Weißkohl: Dieser flache, feste, etwa fußballgroße Kohl hat außen grüne und innen sehr zarte, helle Blätter, die zur Herstellung von *crauti*, dem italienischen Gegenstück zum Sauerkraut dienen.

Cavolo Verza/Wirsingkohl: Unterscheidet sich durch die gekräuselten Blätter. Die fast blauen Außenblätter werden oft für Krautwickel verwendet. Die helleren Innenblätter sind sehr zart und ergeben ohne die dicken Rippen einen köstlichen Salat.

Cavolo Nero/Grünkohl: Eine ungewöhnliche Kohlsorte mit dunkelgrünen, fast schwarzen Blättern, die sehr lang und gekräuselt sind. Sie wird hauptsächlich im Süden und in der Toskana angebaut, wo sie zusammen mit Bohnen eine grundlegende Zutat der berühmten Bohnensuppe *Ribollita* ist.

Cavollo Cappuccio Rosso/Rotkohl: Diese sehr feste Kohlart ist dunkelrot und hat so kompakte Blätter, daß ein einziger Kopf bis zu 1,5 kg wiegen kann.

KOHLRABI/CAVOLO RAPA

Von diesem Gemüse der Kohlfamilie ißt man nicht die Blätter, sondern die Wurzel. Diese kann so groß wie eine Grapefruit werden, aus der die langen, dünnen Stiele und Blätter herauswachsen. Die Schale ist hellgrün, das Innere noch heller. Junge Kohlrabi sind sehr zart und mild.

KOPFSALAT/LATTUGA

Die Italiener lieben Kopfsalat. Ein gemischter Salat enthält fast immer eine oder zwei der vielen Sorten, die das ganze Jahr angebaut werden. *Romana*/Römischer Salat ist wegen seiner knackigen Blätter und seines guten Geschmacks am beliebtesten. *Lattuga d'inverno*/Wintersalat, verträgt gut kältere Witterung, und *Insalata Primaverile*/Frühlingssalat hat helle, sehr zarte Blätter. *Lattuga da taglio*/Schnittsalat hat kleine, zarte Blätter, die nach dem Schneiden immer wieder nachwachsen.

KÜRBIS/ZUCCA

Alle Arten dieser großen Gemüsefamilie, ob Gartenkürbis, Riesenkürbis oder Zucchini, sind wegen ihres Geschmacks, ihrer unterschiedlichen Formen und Verwendungsmöglichkeiten in der italienischen Küche sehr beliebt. Nur Markkürbisse werden in Italien kaum gegessen, weil man sie für übergroße Zucchini ohne Geschmack hält.

Einige dickschalige Wintersorten sind bis zu einem Monat haltbar, solange ihre Schale nicht verletzt wird, angeschnitten kann man sie jedoch nur ein bis zwei Tage aufbewahren. Frisch geerntet schmecken Kürbisse am besten.

Eine ungewöhnliche Sorte ist der Spaghettikürbis, dessen gekochtes Fruchtfleisch wie Schnüre, eben Spaghetti, aussieht. Besonders lecker schmeckt er nur mit Butter und Parmesan. Kürbisblüten werden ebenso zubereitet wie Zucchiniblüten. Sie sind zwar im allgemeinen kleiner, haben aber einen intensiveren Geschmack.

LINSE/LENTICCHIA

Die Linse stammt von einer zarten bis 50 cm hohen Ranke, deren rechteckige Hülsen meist vier Samen enthalten. Die beliebteste italienische Sorte sind Lenticchie di Castelluccio aus Umbrien, die organisch angebaut werden, eine weitere bekannte Sorte sind die Linsen aus Alta Mura in Apulien.

LÖWENZAHN/DENTE DI LEONE

Wegen seiner harntreibenden Eigenschaften auch *pissialetto* genannt.

Seine zarten Blätter kann man als Salat servieren.

MAISKOLBEN/PANNOCCHIA
Gegrillte, zarte junge Maiskolben heißen *pannocchia di granoturco* arrostita, gekochte Maiskolben dagegen *pannocchia lessa*. In der Maissaison werden sie an kleinen Straßenständen verkauft, vor allem im Süden.

MANGOLD/COSTE
Mangold schmeckt ähnlich wie Spinat, und seine Blätter werden auf die gleiche Weise zubereitet. Man kann aber auch die weißen Rippen in Stücke schneiden und gar schmoren – eine gute Beilage zu Fleischgerichten.

MÖHRE, KAROTTE/CAROTA, PASTINACA, PASTANACHE
Dieses Wurzelgemüse ist das ganze Jahr hindurch erhältlich und gedeiht hauptsächlich in gemäßigtem Klima; Sizilien und die Abruzzen sind die Hauptanbaugebiete in Italien. Die Farbe der Möhren reicht von hellgelb bis dunkelviolett, ihr Geschmack ist aromatisch. Man kann sie kochen und mit Knoblauch in Butter braten oder pürieren und als Beilage servieren. Suppen und Schmorgerichten verleihen sie einen leicht süßen Geschmack. In Süditalien, wo sie besonders zart und süß sind und im einheimischen Dialekt pastinaca oder pastanache genannt werden, ißt man sie roh. Ich liebe rohe Möhren grob gerieben und mit frischer Minze, Koriander und ein wenig Olivenöl, Zitronensaft, Salz und Pfeffer angemacht. Möhren sind auch ein wichtiger Bestandteil der Giardiniera (siehe Seite 52).

MUSCARI, WILDE HYAZINTHE/LAMPASCIONE, LAMPAGIONE, LAMPASCIUOLO
Die Zwiebel der wilden Hyazinthe wird heute kommerziell angebaut, um die steigende Nachfrage besonders in Süditalien zu befriedigen. Sie ähnelt der Schalotte, schmeckt ein wenig bitter und wird hauptsächlich im Sommer verzehrt, wenn sie reif ist.

PAPRIKASCHOTE SIEHE PEPERONE SEITE 40

PORREE, LAUCH/PORRO
Dieses Gemüse wirkt wie eine Kreuzung zwischen Knoblauch und Zwiebel und gehört auch zur selben Familie. Es wird in ganz Italien angebaut und wurde von den Römern über ganz Europa verbreitet.

In Italien kocht man daraus eine Suppe und verwendet dazu beide Teile, die weiße Zwiebel und die grünen Blätter. Im Sommer angebauter Porree ist zarter. Er wird im allgemeinen roh gegessen.

PORTULAK/PORTULACA
Portulak gedeiht im Sommer fast überall in Italien wild. Man erkennt ihn an seinen rötlichen, bodenbedeckenden Zweigen mit kleinen dicken Blättern. Junge Portulakblätter machen Salate besonders saftig.

RADICCHIO SIEHE CHICORÉE

RADIESCHEN, RETTICH/RAVANELLO
Ein wunderbares Gemüse, das hauptsächlich roh verzehrt wird. Die kleinen Wurzeln gibt es von rund über kegelförmig bis gerade. Sie schmecken scharf, aber erfrischend und beleben mit ihrem Rot oder Weiß Salate und Antipasto-Platten.

RAUKE, RUCOLA SIEHE RUCOLA, RUCHETTA SEITE 48

REIS SIEHE RISO SEITE 23

ROSENKOHL/CAVOLINI DI BRUXELLES
Obwohl es heißt, daß die Römer den Rosenkohl einst nach Belgien brachten, ist er noch nicht lange in Italien heimisch. Die Schößlinge sprießen an den bis zu 1 m langen Stengeln dieses Mitglieds der Kohlfamilie. Sie werden im Spätherbst und Winter geerntet und sind eine interessante Abwechslung unter dem Angebot an Kohlsorten.

ROSMARIN SIEHE ROSMARINO SEITE 36

ROTE BETE/BARBABIETOLA
Dieses Wurzelgemüse stammt aus derselben Familie wie die Zuckerrübe. Es ist gekocht und roh gut in Salaten. Auch die Blätter sind eßbar, wenn sie von frischen roten Beten stammen.

RÜBENGRÜN/CIME DI RAPA, BROCCOLETTI DI RAPA
Die grünen Stiele der weißen Rübe. Sie werden verwendet wie Brokkoli,

das heißt gekocht und mit Knoblauch und Chili in Olivenöl gebraten. Sie schmecken schärfer und etwas bitterer als Brokkoli und sind besonders bei Römern und Neapolitanern beliebt, die sie *friarielli* nennen.

SALAT/INSALATA
Das Wort insalata kommt von dem alten italienischen Verb insalare, das »einsalzen« bedeutet. Heute ist insalata die allgemeine Bezeichnung für Gemüse, Blattsalate und andere Zutaten, die gemischt und mit Olivenöl, Essig oder Zitronensaft, Salz und Pfeffer angemacht werden. Die Italiener essen Salat zum Hauptgang, als Beilage zum Fleisch, vor allem wenn es gegrillt ist.

Insalata bezeichnete ursprünglich eine Mischung eßbarer grüner Blätter auf der Basis von Kopfsalat, inzwischen jedoch gibt es buchstäblich hunderte Sorten von Blattsalaten, wie Chicorée, Radicchio, Feldsalat usw. Ein Salat aus grünen Blättern mit Salatkräutern wie Rauke, Minze oder Löwenzahn wird *Insalata verde* (grüner Salat) genannt, eine Mischung aus Salatzutaten einschließlich Tomaten und Gurke *Insalata mista* (gemischter Salat). Man kann Salate auch aus rohen, geraspelten Wurzelgemüsen, wie zum Beispiel Fenchel, Knollensellerie, Möhren, Topinambur und Radieschen, oder aus gewürfelten gekochten Gemüsen, wie grünen Bohnen, Möhren, Fenchel, Zucchini und Blumenkohl, zubereiten. Salate sind so vielseitig, daß man fast jede Mischung, aber auch nur eine einzige Zutat als Salat bezeichnen kann, etwa Pastasalate oder *Insalata di carciofi* (Artischockensalat).

SALATKRAUT/BARBA DI BECCO, BARBA DI FRATE, BARBA DI CAPPUCCINO
Diese Pflanze ähnelt dem Schnittlauch und hat ähnliche lange, schmale grüne Blätter mit säuerlichem Geschmack. Sie wird selten kommerziell angebaut, wächst jedoch wild in ganz Italien. Sie ist frisch gepflückt im Frühjahr eine willkommene Zutat für Salate.

SAUERAMPFER/ACETOSA
Diese säuerlich schmeckende Pflanze, die auch als erba brusca, »bitteres Gras«, bekannt ist, wird in Italien nicht so viel verwendet wie in Frankreich. Aus diesem Grund wird sie nicht so häufig angebaut, obwohl sie im Mai und Juni auch wild wächst. Wegen ihres pikanten Geschmacks verwendet man sie für verschiedene Suppen und Salate, und ich finde sie unwiderstehlich als Grundlage für einen Risotto.

SCHALOTTE/SCALOGNO
Die Schalotte, die wie eine kleine Zwiebel aussieht, besteht innen aus zwei Teilen. Sie schmeckt wie eine Mischung aus Zwiebel und Knoblauch. Ihre Verwendung ist begrenzt; man verwendet sie hauptsächlich zum Würzen spezieller Buttersaucen oder streut sie fein gewürfelt roh über Salate. Schalotten sind haltbarer als Zwiebeln und lassen sich lange aufbewahren. Mit dem steigenden Interesse an der Mittelmeerküche ist auch die Schalotte wieder in Mode gekommen. Früher galt sie im Süden Italiens als typisches Bauerngemüse.

SCHWARZWURZEL/SCORZONERA
Diese bis zu 30 cm lange, gerade Wurzel gehört zur Kopfsalatfamilie. Sie wird im Herbst und Winter geerntet und wegen ihres zarten, aber bitteren Geschmacks geschätzt. Die Schwarzwurzel muß gründlich bis auf den weißen Kern abgekratzt werden. Alte Schwarzwurzeln halbiert man der Länge nach und entfernt das holzige Innere. Sehr junge Schwarzwurzeln dagegen kann man im Ganzen kochen und wie Spargel mit zerlassener Butter servieren.

SPARGEL SIEHE ASPARAGO SEITE 20

SPINAT/SPINACI
Spinat kam um das Jahr 1000 n.Chr. mit den Arabern nach Italien. Heute gedeiht er im gemäßigten Klima Nord- und Mittelitaliens das ganze Jahr hindurch. Spinat wächst dicht am Boden und hat kräftige grüne Blätter. Spinat enthält viel Vitamin A und C und relativ viel Eisen.

STAUDEN-, KNOLLENSELLERIE/SEDANO, SEDANO RAPA
Der Sellerie ist sowohl als Würzkraut wie auch als Gemüse wertvoll. Staudensellerie hat lange, außen dunkelgrüne, innen cremeweiße Stiele, die man roh ißt oder für Salat verwendet. Knollensellerie (*sedano rapa*) bildet unterirdisch eine runde Knolle, die man

kocht, schmort oder fritiert. Beide Arten riechen kräftig und haben eine harte Haut. Ihre Blätter werden gewöhnlich als Salat- und Suppenkraut verkauft.

TOMATE/POMODORO

Die Tomate ist eine der vielseitigsten und wichtigsten Gemüsepflanzen der italienischen Küche. Man kann sie für Salate oder Saucen verwenden, einlegen, trocknen, zu konzentriertem Mark oder Paste verarbeiten, ja sogar trinken oder Marmelade daraus kochen.

Die aus Mexiko stammende Tomate wurde lange Zeit für eine Kuriosität gehalten und eher zum Dekorieren denn als Nahrungsmittel benutzt. Erst seit ihrer Erwähnung in Vincenzo Corrados Buch »Cuoco Galante« (Der galante Koch), in dem sie für Saucen, zum Füllen und zum Braten verwendet wurde, schlossen die Italiener die Tomate in ihr Herz.

Als man herausgefunden hatte, welche Gegenden das beste Klima und den besten Boden hatten, wurde die Tomate – zusammen mit der Pasta – das erste industriell verarbeitete Nahrungsmittel, das das ganze Jahr hindurch erhältlich war. Alle Italiener, die ein Stückchen Land besaßen, bauten selbst Tomaten an, die sie entweder roh verzehrten oder einmachten. Durch die Erfindung von Tomatenkonzentrat (*concentrato di pomodoro*), *estratto* – konzentriertem Tomatenmark – und sonnengetrockneten Tomaten gelang es, die Saison der Tomate zu verlängern und sie das ganze Jahr zu genießen.

Die bekanntesten Salattomaten sind Cuore di Bue und Palla di Fuoco. Zum Einmachen beliebt sind San Marzano, Roma, Napoli und Marena, die man überall auf der Welt in Dosen kaufen kann und die bei der Zubereitung von Saucen keinen Zucker benötigen.

Die Kirsch- oder Cocktailtomate (*pomodorino*) ist ziemlich klein und wächst in Büscheln. Man findet sie vor allem im Süden, wo sie im allgemeinen frisch und in schnellen Pastasaucen verzehrt wird. Durch ihre harte Schale hält sie am Büschel den ganzen Winter hindurch.

TOMATENKONZENTRAT/ CONCENTRATO DI POMODORO SIEHE TOMATE

TROCKENBOHNE/CICERCHIA

Diese Bohnenart, die in Aussehen und Geschmack der Kichererbse ähnelt, wird in ganz Italien, insbesondere für Suppen verwendet.

WEISSE RÜBE/RAPA

Als Mitglied der Kohlfamilie ist die weiße Rübe eines der meistverwendeten Wintergemüse. Sie hat ein zartes, kohlrabiähnliches Aroma und paßt gut als Beilage zu Fleisch oder Fisch. Sie muß gründlich gesäubert werden, sollte aber so viel Schale wie möglich behalten. Sehr junge weiße Rüben kann man raspeln und roh in Salate geben.

WILDKRÄUTERSALAT/ MISTICANZA, MESTICANZA

Misticanza ist in Rom eine Mischung aus wilden Kräutern, darunter Minze, Rauke, Löwenzahn, Knoblauch, Fenchel und Sauerampfer, die man in der Regel mit traditionellen Blattsalaten kombiniert. Sie wird mit Olivenöl, Weinessig, Salz und Pfeffer angemacht. In Umbrien bezeichnet *misticanza* eine Trockenbohnenmischung für Suppe.

ZUCCHINI SIEHE ZUCCHINO SEITE 11

ZUCCHINIBLÜTEN SIEHE FIORI DI ZUCCHINI SEITE 12

ZWIEBEL/CIPOLLA, CIPOLLOTTO, CIPOLLINA

Im Laufe der Jahrhunderte wurden Tausende von Zwiebelsorten in den unterschiedlichsten Formen, Farben und Größen herausgezüchtet. Die meisten wurden nach Städten benannt, wie Ramata di Milano oder Rossa Piatta di Bassano. Es sind jedoch viel zu viele, um sie hier einzeln aufzuzählen. Die rosiggoldenen Zwiebeln haben den intensivsten Geschmack, die weißen und roten sind gewöhnlich milder. Die besten roten Zwiebeln stammen aus Tropea in Kalabrien, sie sind für ihren süßen Geschmack berühmt.

Es gibt einen grundlegenden Unterschied zwischen Küchenzwiebeln und Zwiebeln, die zum Einlegen oder Rohessen verwendet werden, und das ist die Größe. Küchenzwiebeln sind größer, und die ganz großen Exemplare werden nicht nur gehackt und zum Aromatisieren verwendet, sondern auch gerne gefüllt und gebacken.

Alphabetisches Rezeptregister

Abkürzungen und Erklärungen

EL = Eßlöffel
TL = Teelöffel
l = Liter
g = Gramm
kg = Kilogramm

Titel der englischen Originalausgabe:
The Carluccio's Collection – Vegetables and Salads
Ins Deutsche übertragen von Lexa Katrin Gräfin von Nostiz, Ursula Wulfekamp (Rezepte) und Martina Walter (Einleitung)
Die Originalausgabe erschien 1999 im Verlag Quadrille Publishing Ltd., London
Dieser Band ist Teil der bereits erschienenen englischen Originalausgabe:
Carluccio's Complete Italian Food

Redaktion der deutschen Ausgabe: Martina Walter, Baiern
Foodstyling: Priscilla Carluccio
Farbreproduktionen: Colour Scans, Singapur
Satz: Gramma GmbH, München
Druck und Bindung: Dai Nippon Printing Co.
Printed in Hongkong

ISBN 3-453-15903-9